Impressum
Verlag: BABADADA GmbH, Nedderfeld 112 , 22529 Hamburg
Geschäftsführer / Verlagsleitung: Harald Hof
Druck: Books on Demand GmbH, In de Tarpen 42, 22848 Norderstedt

Imprint
Publisher: BABADADA GmbH, Nedderfeld 112 , 22529 Hamburg, Germany
Managing Director / Publishing direction: Harald Hof
Print: Books on Demand GmbH, In de Tarpen 42, 22848 Norderstedt

school

مکتب

classroom
صنف درسی
divide
تقسیم کردن
186/2
board
تخته
teacher
معلم
paper
کاغذ
write
نوشتن
pen
خودکار
desk
میز کار
ruler
خط کش
book
کتاب
pupil
شاگرد

satchel

بیگ مکتب

pencil case

قلم دانی

pencil

پنسل

pencil sharpener

پنسل تراش

rubber

پنسل پاک

drawing pad

کتابچه رسم

drawing

نقاشى

paintbrush

برس رنگ زنى

paint box

بکسک رنگه

scissors

قیچى

glue

سریش

exercise book

کتاب تمرین

homework

کار خانگى

number

عدد

add

جمع کردن

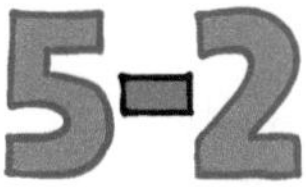

subtract

تفریق کردن

multiply

ضرب کردن

calculate

حساب کردن

letter

حرف

alphabet

الفبا

word

کلمه

text

متن

read

خواندن

chalk

تباشیر

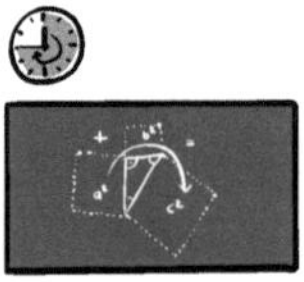

lesson

درس

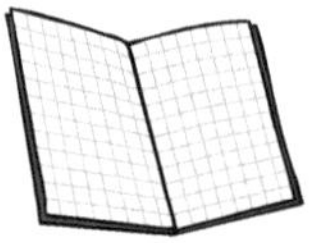

register

ثبت نام

exam

امتحان

certificate

تصدیقنامه

school uniform

یونیفورم مکتب

education

تحصیل

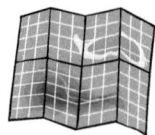

encyclopedia

دانشنامه

university

پوهنتون

microscope

مایکروسکوپ

map

نقشه

waste-paper basket

سبد کاغذ باطله

travel
سفر

hotel
هوتل
Grand
hostel
ليليه
ROOMS
CHANGE
bureau de change
دفتر صرافی
car
موتر

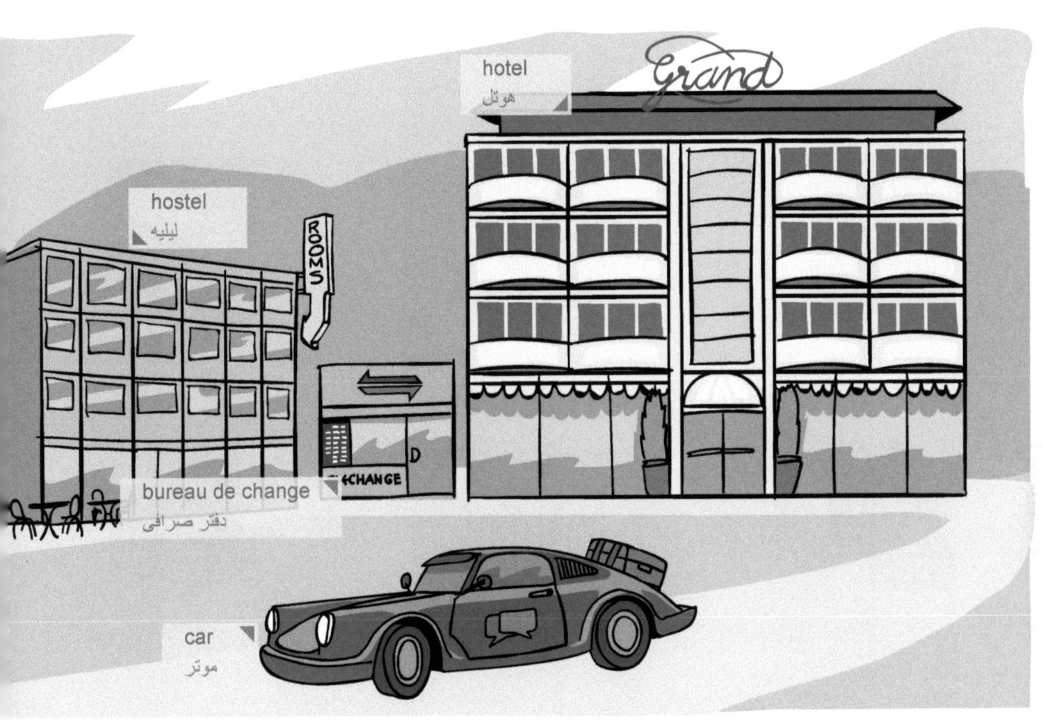

language
زبان

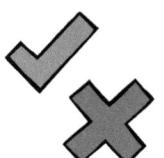

yes / no
بلی / نخیر

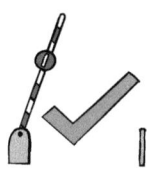

Okay
بسیار خوب

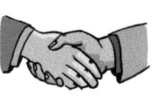

hello
سلام

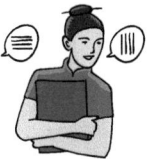

translator
مترجم

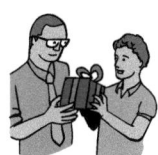

Thank you
تشکر از شما

how much is...?

....

قیمتش چقدر است؟

I do not understand

....

نمی فهمم

problem

....

مشکل

Good evening!

....

عصر بخیر! / شب بخیر!

Good morning!

....

صبح بخیر!

Good night!

....

شب بخیر!

bye bye

....

خداحافظ

direction

....

مسیر

luggage

....

بار مسافر

bag

....

بیگ

backpack

....

بیگ پشتکی

guest

....

مهمان

room

....

اطاق

sleeping bag

....

بستره خواب سیار

tent

....

خیمه

tourist information

معلومات توریستی

beach

ساحل

credit card

کریدیت کارت

breakfast

صبحانه

lunch

طعام چاشت

dinner

غذای شام

ticket

تکت

lift

لفت

stamp

مهر

border

مرز

customs

گمرک

embassy

سفارتخانه

visa

ویزه

passport

پاسپورت

transport

حمل و نقل

aeroplane
طیاره
ship
کشتی
fire engine
موتر اطفاییه
truck
لاری
bus
بس
motorboat
قایق موتوری
bike
بایسکل
car
موتر

ferry

کشتی

boat

قایق

motorbike

موترسایکل

police car

موتر پولیس

racing car

موتر مسابقه

rental car

موتر کرایی

car sharing

اشتراک وسایط

breakdown truck

جرثقیل

refuse truck

موتر حمل زباله

motor

موتور

fuel

تیل

petrol station

تانک تیل

traffic sign

علامت ترافیکی

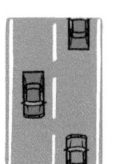

traffic

عبور و مرور

traffic jam

راهبندان

car park

پارک وسایط

train station

ایستگاه ریل

tracks

خط ریل

train

ریل

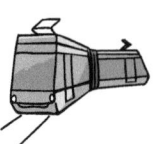

tram

ریل برقی

carriage

واگن

helicopter

هلیکوپتر

airport

میدان هوایی

tower

برج

passenger

مسافر

container

کانتینر

carton

کارتن

cart

گادی

basket

سبد

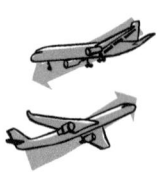

take off / land

پرواز کردن / فرود آمدن

city

شهر

village

قریه

city centre

تیاتر شهر

house

خانه

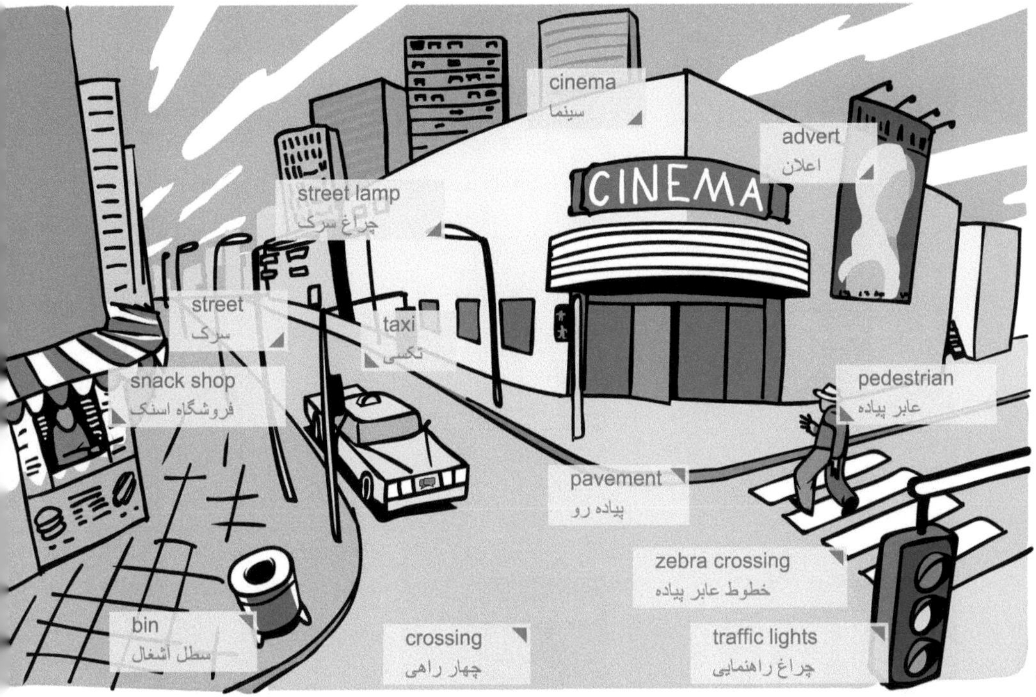

- cinema — سینما
- advert — اعلان
- street lamp — چراغ سرک
- street — سرک
- taxi — تکسی
- snack shop — فروشگاه اسنک
- pedestrian — عابر پیاده
- pavement — پیاده رو
- zebra crossing — خطوط عابر پیاده
- bin — سطل آشغال
- crossing — چهار راهی
- traffic lights — چراغ راهنمایی

CINEMA

hut
کلبه

flat
آپارتمان

train station
ایستگاه ریل

town hall
تالار شهر

museum
موزیم

school
مکتب

university

پوهنتون

bank

بانک

hospital

شفاخانه

hotel

هوتل

pharmacy

دواخانه

office

دفتر

book shop

کتابفروشی

shop

مغازه

florist's

گل فروشی

supermarket

سوپر مارکیت

market

فروشگاه

department store

فروشگاه

fishmonger's

ماهی فروشی

shopping centre

مرکز خرید

harbour

بندر

park

پارک

bench

دراز چوکی

bridge

پل

stairs

زینه ها

underground

مترو

tunnel

تونل

bus stop

ایستگاه بس

bar

میخانه

restaurant

رستورانت

postbox

صندوق پست

street sign

علامت سرک

parking meter

ماشین پارکو متر

zoo

باغ وحش

swimming pool

حوض آببازی

mosque

مسجد

farm

مزرعه

pollution

آلوده گی

graveyard

قبرستان

church

كليسا

playground

ميدان بازى

temple

معبد

landscape

چشم انداز

signpost
لوحه

way
راه

meadow
علفزار

stone
سنگ

hiker
كوهنورد

tree
درخت

river
دريا

grass
علف

flower
گل

valley

دره

hill

تپه

lake

دریاچه

forest

جنگل

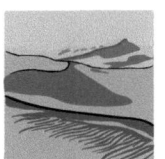

desert

صحرا

volcano

آتشفشان

castle

قلعه

rainbow

رنگین کمان

mushroom

سمارق

palm tree

درخت آلو

mosquito

پشه

fly

مگس

ant

مورچه

bee

زنبور

spider

عنکبوت

beetle

قانغوزک

frog

بقه

squirrel

موش خرما

hedgehog

خارپشت

hare

خرگوش صحرایی

owl

بوم

bird

پرنده

swan

مرغابی

boar

خوک وحشی

deer

گوزن

moose

گوزن شمالی

dam

بند آب

wind turbine

توربین بادی

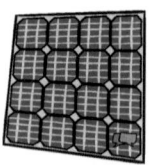

solar panel

صفحه خورشیدی

climate

آب و هوا

waiter
پیشخدمت

menu
مینوی غذا

chair
چوکی

soup
سوپ

pizza
پیتزا

cutlery
قاشق و پنجه و کارد

tablecloth
روی میزی

starter
پیش غذا

main course
غذای اصلی

dessert
شرینی

drinks
نوشیدنی ها

food
غذا

bottle
بوتل

fast food

فاست فود

street food

غذای کنار سرک

teapot

چاینک/ترموز

sugar bowl

قندانی

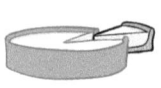

portion

بخش غذا

espresso machine

دستگاه اسپرسو

high chair

چوکی بلند

bill

بل

tray

پطنوس

knife

چاقو

fork

پنجه

spoon

قاشق

teaspoon

قاشق چای خوری

serviette

دستپاک دسترخوان یا میز

glass

گیلاس

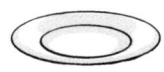

plate

بشقاب

soup plate

بشقاب سوپ

saucer

نعلبكى

sauce

چتنى

salt pot

نمكدان

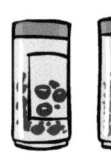

pepper mill

آسياب مرچ

vinegar

سركه

oil

روغن خوراكى

spices

ادويه

ketchup

كچاپ

mustard

ساس خردل

mayonnaise

مايونز

supermarket

سوپر مارکیت

special offer
پیشنهاد خاص
customer
مشتری
dairy
لبنیات
FOR
fruit
میوه
trolley
چرخ دستی

butcher´s
قصابی

baker´s
نانوایی

weigh
وزن کردن

vegetables
سبزیجات

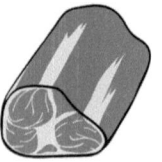

meat
گوشت

frozen food
غذای منجمد

cold meat

غذای سرد

tinned food

غذای کنسر شده

washing powder

پودر رختشویی

sweets

شیرینی

household products

لوازم خانگی

cleaning products

محصولات پاک کننده

salesperson

فروشنده

till

دخل پیسه

cashier

صندوقدار

shopping list

لست خرید

opening hours

ساعات کاری

wallet

بکسک جیبی

credit card

کریدیت کارت

bag

بیگ

plastic bag

بیگ پلاستیکی

drinks

نوشیدنی ها

water

آب

juice

جوس

milk

شیر

coke

نوشابه

wine

شراب

beer

بیر

alcohol

الکول

cocoa

ککو

tea

چای

coffee

قهوه

espresso

اسپرسو

cappuccino

کاپوچینو

food
غذا

banana

کیله

apple

سیب

orange

مالته

melon

تربوز

lemon

لیمو

carrot

زردگ

garlic

سیر

bamboo

چوب خیزران

onion

پیاز

mushroom

سمارق

nuts

مغزیات

noodles

آش

spaghetti

مکرونی

rice

برنج

salad

سلاد

chips

چیپس

fried potatoes

کچالو سرخ کرده

pizza

پیتزا

hamburger

همبرگر

sandwich

ساندویچ

cutlet

کتلت

ham

همبرگر

salami

سالامی

sausage

ساسج

chicken

مرغ

roast

کباب

fish

ماهی

porridge oats

فرنی جو

muesli

صبحانه رژیمی

cornflakes

کورن فلکس

flour

آرد

croissant

کروسانت

bread roll

قرص نان

bread

نان خشک

toast

توست / نان بریان

biscuits

بیسکیت

butter

مسکه

curd

چکه

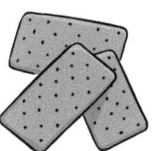

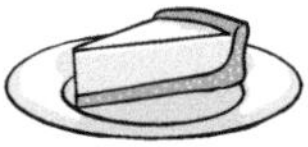

cake

کیک

egg

تخم مرغ

fried egg

تخم مرغ سرخ شده

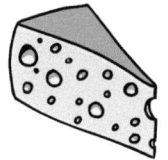

cheese

پنیر

ice cream

آیسکریم

sugar

شکر

honey

عسل

jam

مربا

chocolate spread

مسکه چاکلیت

curry

زردچوبه هندی

farm
مزرعه

goat

بز

cow

گاو

calf

گوساله

pig

خوک

piglet

خوکچه

bull

گاو نر

goose

قاز

duck

مرغابی

chick

چوچه مرغ

hen

مرغ

cock

خروس

rat

موش صحرایی

cat

پیشک

mouse

موش

ox

گاومیش

dog

سگ

doghouse

خانه سگ

garden hose

خانه باغ

watering can

آبپاش

scythe

داس

plough

قولبه کردن

sickle

داس

hoe

کج بیل

pitchfork

چنگال باغبانی

axe

تبر

wheelbarrow

کراچی

trough

تغار

milk can

قوطی شیر

sack

بوجی

fence

دیوار مرزی از چوب یا سیم خار دار

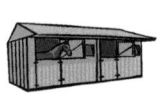

stable

پایدار

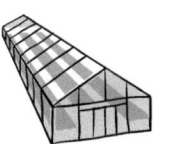

greenhouse

گلخانه

soil

خاک

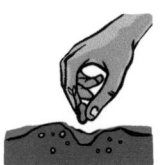

seed

تخم

fertilizer

کود

combine harvester

ماشین درو وخرمنکوبی

harvest

درو کردن

harvest

درو

yams

کچالو شرین

wheat

گندم

soy

سویا

potato

کچالو

corn

جواری

rapeseed

کلزا

fruit tree

درخت میوه

cassava

مانیوک

cereals

غلات و حبوبات

house
خانه

living room
....
اطاق نشیمن

bathroom
....
حمام / دستشویی

kitchen
....
آشپزخانه

bedroom
....
اطاق خواب

child's room
....
اطاق اطفال

dining room
....
اطاق پذیرایی

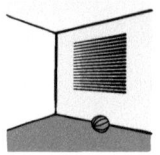

floor

كف زمين

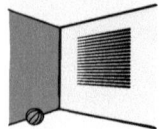

wall

ديوار

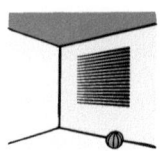

ceiling

سقف

cellar

گودام زير زمينى

sauna

سونا

balcony

بالكن

terrace

برنده / بالكن

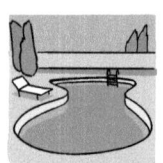

pool

حوض

lawn mower

ماشين درو كردن چمن

sheet

ورق كاغذ

bedspread

روجايى

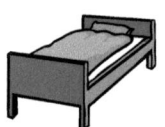

bed

تختخواب

broom

جارو

bucket

سطل

switch

سويچ

living room
اطاق نشیمن

carpet

فرش

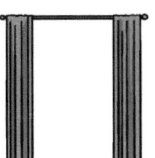

curtain

پرده

table

میز

chair

چوکی

rocking chair

چوکی گهواره یی

armchair

چوکی دسته دار

book

كتاب

blanket

كمپل

decoration

دكوراسيون

firewood

هيزم

film

فلم

hi-fi equipment

سيستم هاى فاى

key

كليد

newspaper

روزنامه

painting

تابلوى نقاشى

poster

پوستر

radio

راديو

notepad

دفتر

hoover

جاروبرقى

cactus

كاكتوس

candle

شمع

kitchen
آشپزخانه

fridge
یخچال
microwave oven
منقل مایکروویو
toaster
تستر
detergent
مواد شوینده
oven
داش
freezer
یخ دانی
dishwasher
ظرفشویی

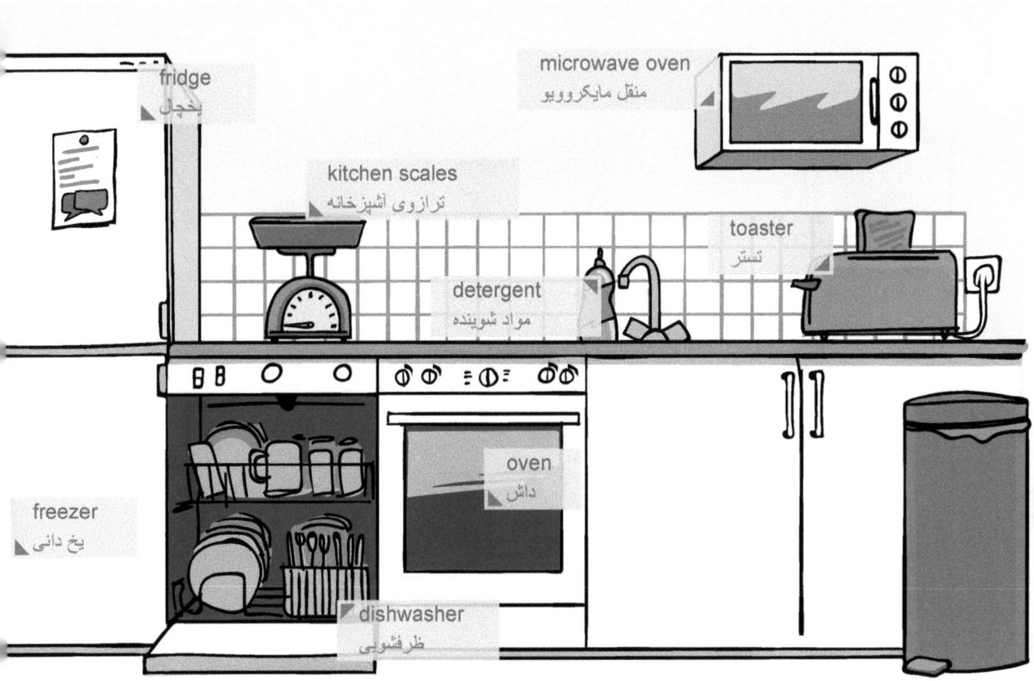

cooker

منقل

pot

دیگ

cast-iron pot

دیگ چدنی

wok / kadai

کراهی

pan

تابه

kettle

چای جوش

steamer

بخارپز

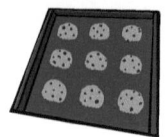

baking tray

پطنوس طباخی

crockery

ظروف

mug

پیاله کلان

bowl

کاسه

chopsticks

چاپستیک ها

ladle

ملاقه

spatula

کفگیر

whisk

مخلوط کننده

strainer

چلو صاف

sieve

غلبیل

grater

رنده

mortar

هاونگ

barbecue

بار بیکیو

open fire

آتش باز

chopping board

تخته برش

rolling pin

آشگز

corkscrew

سر بازکن

can

قوطی

can opener

سر باز کن

pot holder

دستگیره تکه ای

sink

ظرف شویی

brush

برس ظرف شویی

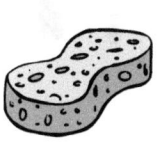

sponge

اسفنج

blender

مخلوط کن

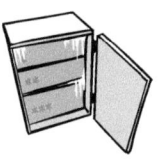

deep freezer

فریزر

baby bottle

شیر چوشک اطفال

tap

نل آب

bathroom

حمام / دستشویی

heating
گرم کننده
towel
جان پاک
shower
شاور
shower curtain
پرده حمام
bubble bath
حمام کف
bathtub
تب حمام
glass
گیلاس
washing machine
ماشین لباسشویی
tap
نل آب
tiles
کاشی
potty
پات اطفال
sink
ظرف شویی

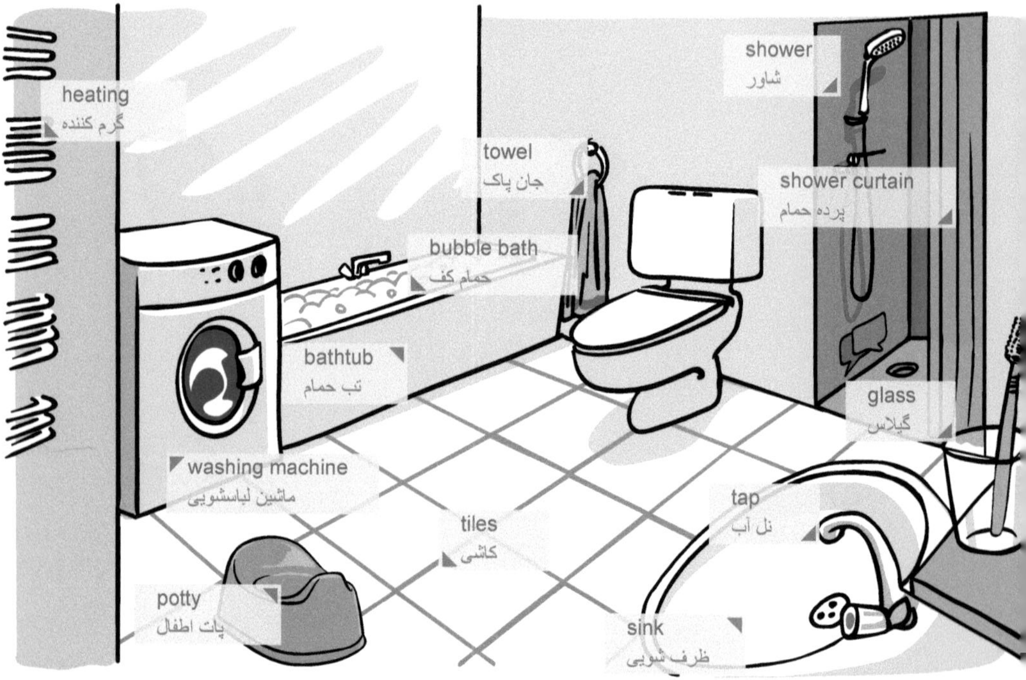

toilet

تشناب

squat toilet

کمود فرشی

bidet

کمود

urinal

تشناب مرد ها

toilet paper

کاغذ تشناب

toilet brush

برس کمود

toothbrush

برس دندان

toothpaste

کریم دندان

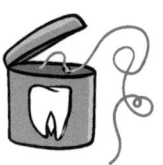

dental floss

نخ دندان

wash

شستن

handheld shower

شاور دستی

douche

شاور کمود

basin

دستشویی

back brush

برس پشت

soap

صابون

shower gel

جل حمام

shampoo

شامپو

flannel

لیف

drain

آب رو

cream

کریم

deodorant

بوزدا

mirror

آینه

hand mirror

آینه دستی

razor

ریش تراش

shaving foam

کف ریش تراشی

aftershave

کلونیا

comb

شانه موی

brush

برس

hair dryer

سشوار

hairspray

اسپری مو

makeup

آرایش

lipstick

لب سرین

nail varnish

رنگ ناخن

cotton wool

پشم پنبه

nail scissors

ناخن گیر

perfume

عطر

washbag

کیسه شستشو

stool

چوکی چار پایه

weighing scale

ترازوی وزن

bathrobe

جان پاک

rubber gloves

دستکش پلاستیکی

tampon

تامپون

sanitary towel

کوتکس

chemical toilet

تشناب سیار

child's room

اطاق اطفال

alarm clock
ساعت زنگ دار
cuddly toy
گدی های نرم
toy car
موتر سامان بازی
rattle
جرنگانه

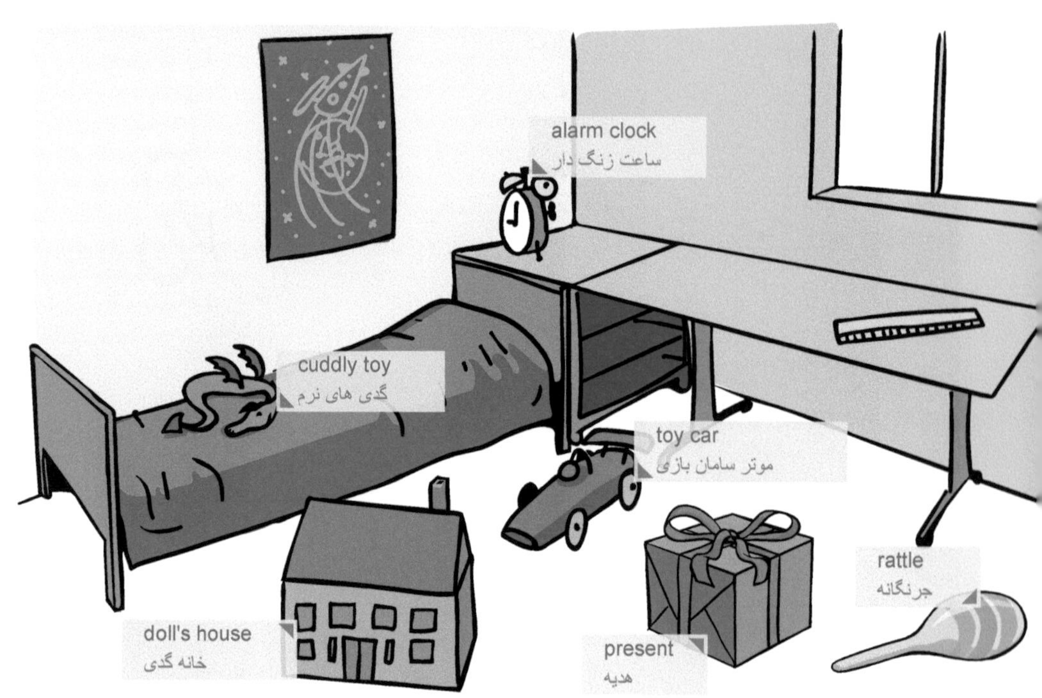

balloon

پوقانه

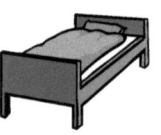

bed

تختخواب

pram

ریکشه اطفال

deck of cards

قطعه بازی

jigsaw

پازل

comic

خنده آور

lego bricks

خشت های لگو

building blocks

بلوک های سامان بازی

action figure

پچه قلم

babygrow

لباس طفل

frisbee

فریزبی

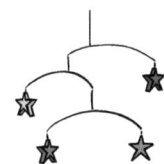

mobile

سامان بازی که روی تخت خواب اطفال
اویزان می شود

board game

بازی تخته یی

dice

تاس

model train set

ریل اسباب بازی

dummy

چوشک

party

مهمانی

picture book

کتاب تصویری

ball

توپ

doll

گدیگک

play

بازی کردن

sandpit

جعبه ریگ

swing

گاز

toys

اسباب بازی

video game console

کنسول بازی کمپیوتری

tricycle

سه چرخه

teddy bear

خرس سامان بازی

wardrobe

الماری لباس

clothing

لباس

socks

جوراب

stockings

جوراب دراز

tights

برجس

scarf
چادر سر

umbrella
چتری

t-shirt
بلوز

belt
کمربند

boots
بوت

slippers
چپلک

trainers
کرمچ

sandals
چپلی

shoes
بوت

rubber boots
موزه پلاستیکی

underpants
نیکر

bra
واسکت زنانه

vest
واسکت

clothing - لباس 45

body

بدن

trousers

برزو

jeans

پتلون کاوبای

skirt

دامن

blouse

بلوز

shirt

پیراهن

pullover

یالان

hoodie

جاکت کلاه دار

blazer

جاکت

jacket

چمپر

coat

کورتی

raincoat

کوت بارانی

costume

لباس مخصوص مراسم

dress

پیراهن

wedding dress

لباس عروسی

suit

دریشی

nightgown

لباس خواب

pyjamas

پاجامه

sari

ساری

headscarf

چادر سر

turban

لنگی

burqa

چادری

kaftan

کفتان

abaya

چادر

swimsuit

لباس آببازی

trunks

نیکر پاچه دار

shorts

پتلون نصفه

tracksuit

لباس ورزشی

apron

پیش بند

gloves

دستکش

button

دکمه

glasses

عینک

bracelet

دستبند

necklace

گردن بند

ring

انگشتر

earring

گوشواره

cap

کلاه پیک دار

coat hanger

کوت بند

hat

کلاه

tie

نیکتایی

zip

زیپ

helmet

کلاه مصون

braces

بند تنبان

school uniform

یونیفورم مکتب

uniform

یونیفورم

bib

پیش بند

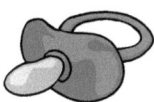

dummy

چوشک

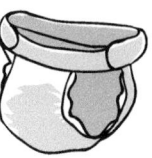

nappy

پمپر

office

دفتر

server

سرور

filing cabinet

الماری اسناد

printer

پرینتر

monitor

مانیتور

paper

کاغذ

mouse

ماوس

desk

میز کار

folder

فولدر

keyboard

کیبورد

chair

چوکی

waste-paper basket

سبد کاغذ باطله

computer

کمپیوتر

coffee mug

گیلاس قهوه

calculator

ماشین حساب

internet

اینترنت

laptop

لپ تاپ

letter

نامه

message

پیام

mobile

موبایل

network

شبکه

photocopier

ماشین فوتوکاپی

software

نرم افزار

telephone

تلیفون

plug socket

پلک

fax machine

دستگاه فکس

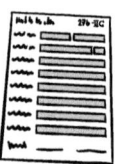

form

فورمه

document

سند

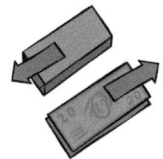

buy

خرید کردن

pay

پرداختن

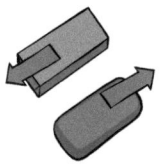

trade

تجارت کردن

money

پول

dollar

دالر

euro

یورو

yen

ین

rouble

روبل

Swiss franc

فرانک سوئیس

renminbi yuan

یوان رنمینبی

rupee

روپیه

cashpoint

خودپرداز

bureau de change

دفتر صرافی

gold

طلا

silver

نقره

oil

نفت

energy

انرژی

price

قیمت

contract

قرارداد

tax

مالیات

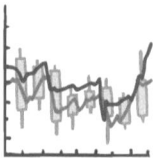

stock

سهام

work

کار کردن

employee

کارمند

employer

استخدام کننده

factory

فابریکه

shop

مغازه

occupations
شغل ها

police officer
افسر پولیس
fireman
آتش نشان
cook
آشپز
doctor
داکتر
pilot
پیلوت

gardener
باغبان

carpenter
نجار

seamstress
خیاط

judge
قاضی

chemist
کیمیا دان

actor
بازیگر

bus driver

راننده بس

taxi driver

راننده تکسی

fisherman

ماهیگیر

cleaning lady

خدمه

roofer

سقف ساز

waiter

پیشخدمت

hunter

شکارچی

painter

نقاش

baker

نانوا

electrician

برقی

builder

بنا

engineer

انجنیر

butcher

قصاب

plumber

نلدوان

postman

پستچی

soldier

سرباز

architect

معمار

cashier

صندوقدار

florist

گل فروش

hairdresser

آرایشگر

conductor

مامور تکت ریل

mechanic

میخانیک

captain

کاپیتان

dentist

داکتر دندان

scientist

دانشمند

rabbi

خاخام/ عالم یهودی

imam

امام

monk

راهب

clergyman

ملا

tools

ابزار

hammer
چکش
pliers
پلاس
screwdriver
پیچ کش
spanner
torch
چراغ دستی

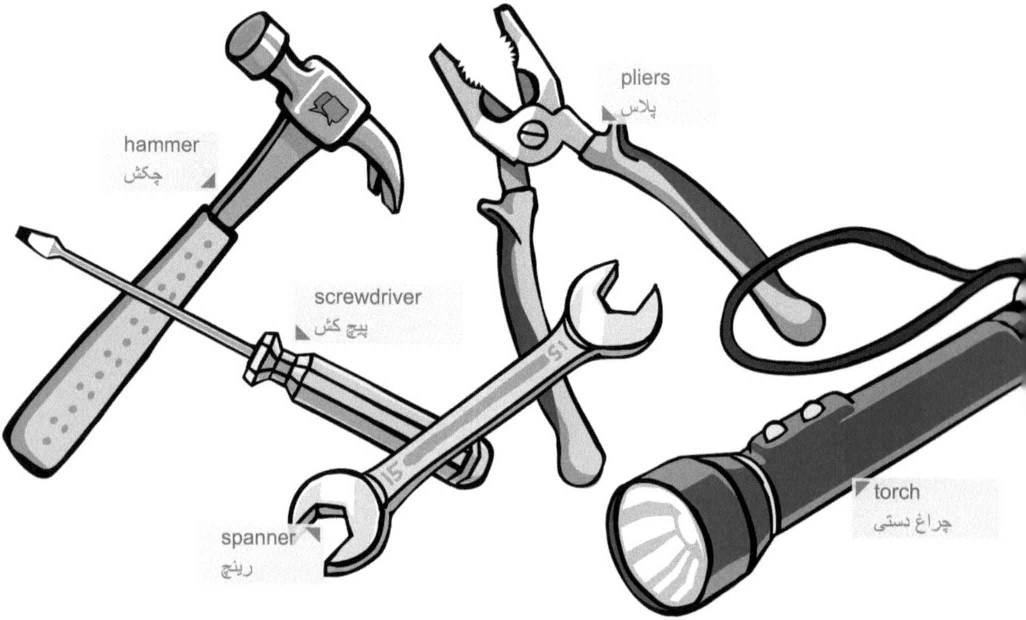

digger

ماشین حفاری

toolbox

جعبه ابزار

ladder

زینه

saw

اره

nails

میخ

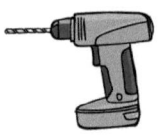

drill

برمه

repair

ترمیم کردن

shovel

بیل

Damn!

لعنتی!

dustpan

خاکروبه

paint pot

سطل رنگ

screws

پیچ

musical instruments

آلات موسیقی

loudspeaker
بلندگو
drum kit
درام کیت
guitar
گیتار
double bass
کنترباس
trumpet
ترومپت

piano

پیانو

violin

وایلن

bass

گیتار بیس

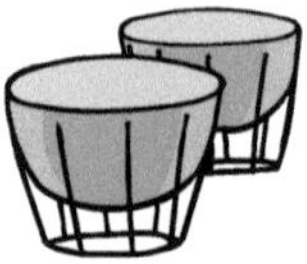

timpani

دهل

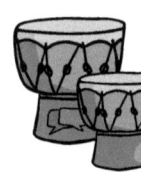

drums

دول

keyboard

پیانوی برقی

saxophone

ساکسوفون

flute

توله

microphone

میکروفون

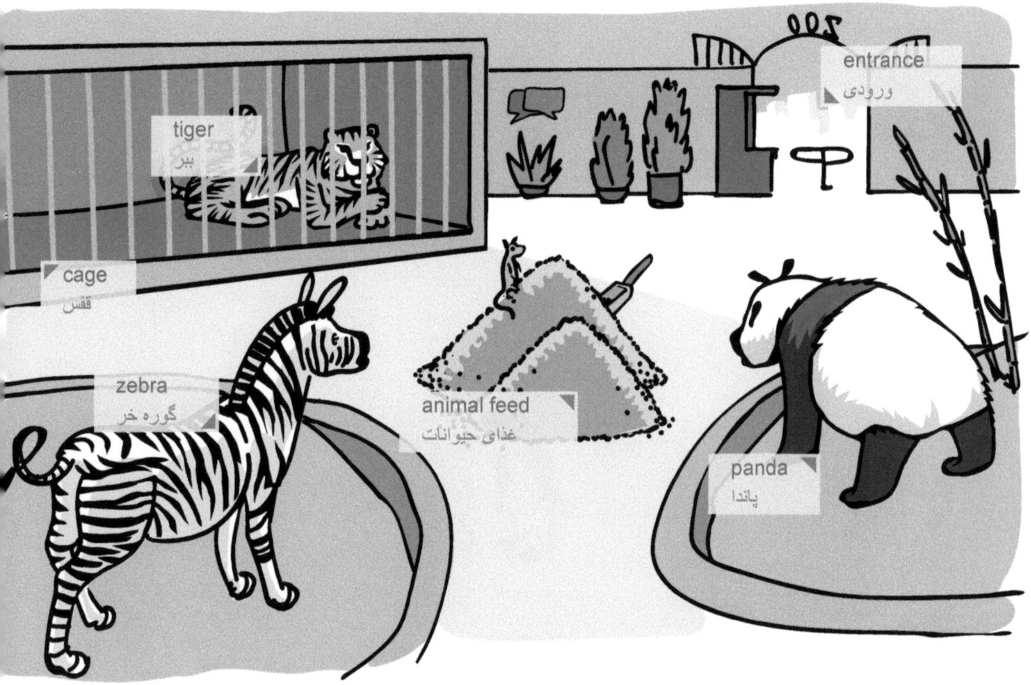

entrance
ورودی
tiger
ببر
cage
قفس
zebra
گوره خر
animal feed
غذای حیوانات
panda
پاندا

animals

حیوانات

elephant

فیل

kangaroo

کانگورو

rhino

غژ گاو

gorilla

گوریلا

bear

خرس

camel

شتر

ostrich

شترمرغ

lion

شیر

monkey

میمون

flamingo

فلامینگو

parrot

طوطی

polar bear

خرس قطبی

penguin

پنگوئن

shark

کوسه

peacock

طاووس

snake

مار

crocodile

تمسا

zookeeper

نگهبان باغ وحش

seal

سگ آبی

jaguar

پلنگ خالدار امریکایی

pony

اسب کوچک

leopard

پلنگ

hippo

اسب آبی

giraffe

زرافه

eagle

عقاب

boar

خوک وحشی

fish

ماهی

turtle

سنگ پشت

walrus

شیر دریایی

fox

روباه

gazelle

غزال

sports

ورزش ها

American football
فوتبال امریکایی

cycling
بایسکل سواری

tennis
تنیس

basketball
باسکتبال

swimming
آب بازی

boxing
بوکس

ice hockey
هاکی روی یخ

football

فوتبال

badminton

بدمینتون

athletics

ورزشکاری

handball

هندبال

skiing

اسکی

polo

پولو

activities

فعاليت ها

laugh
خندیدن
jump
خیز زدن
hug
بغل کردن
walk
راه رفتن
sing
خواندن
dream
خواب دیدن
pray
دعا کردن
kiss
بوسیدن

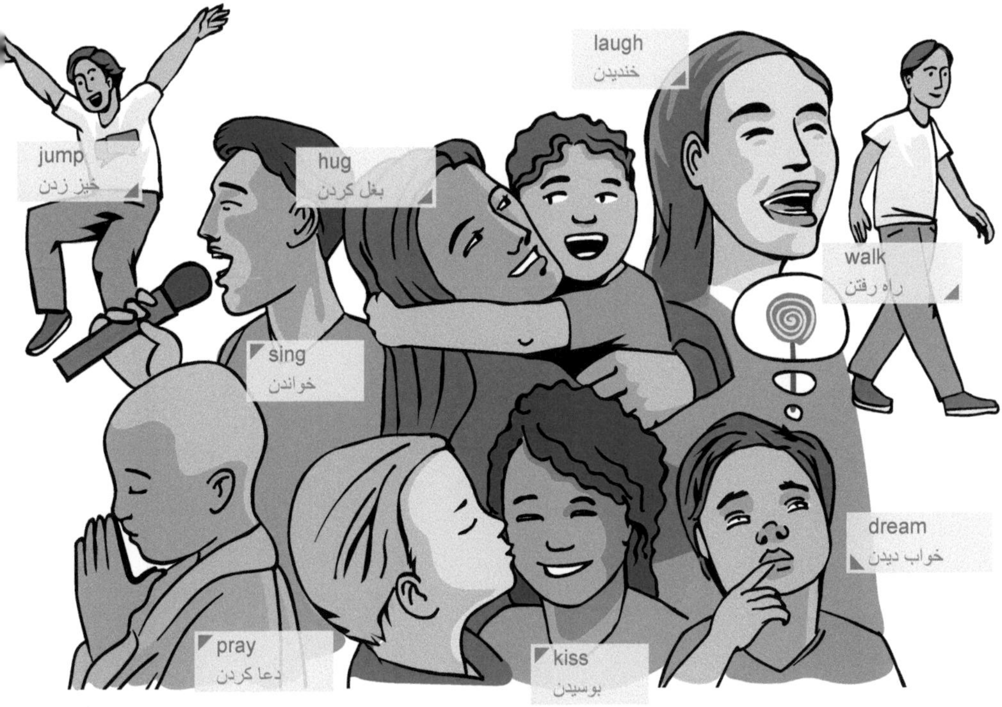

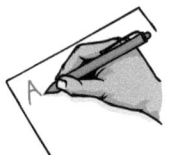

write

نوشتن

draw

کشیدن

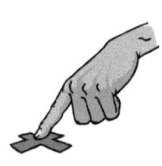

show

نشان دادن

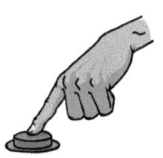

push

تیله کردن

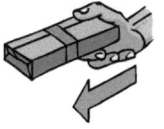

give

دادن

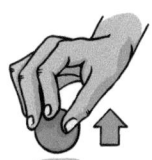

take

گرفتن

have

داشتن

do

انجام دادن

be

بودن

stand

ایستادن

run

دویدن

pull

کش کردن

throw

پرتاب کردن

fall

افتادن

lie

دروغ گفتن

wait

صبر کردن

carry

حمل کردن

sit

نشستن

get dressed

لباس پوشیدن

sleep

خوابیدن

wake up

بیدار شدن

look at

نگاه کردن

cry

گریه کردن

stroke

ضربه زدن

comb

شانه کردن

talk

صحبت کردن

understand

فهمیدن

ask

پرسیدن

listen

گوش دادن

drink

نوشیدن

eat

خوردن

tidy up

مرتب کردن

love

عشق ورزیدن

cook

پختن

drive

راننده گی کردن

fly

پرواز کردن

activities - فعالیت ها   65

sail

روی آب حرکت کردن

calculate

حساب کردن

read

خواندن

learn

یاد گرفتن

work

کار کردن

marry

ازدواج کردن

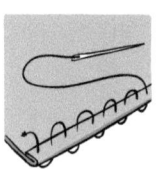

sew

دوختن

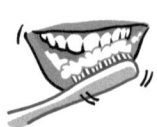

brush teeth

برس کردن دندان ها

kill

کشتن

smoke

سگریت کشیدن

send

فرستادن

family
فامیل

grandmother
مادرکلان
grandfather
پدرکلان
father
پدر
mother
مادر
baby
نوزاد
daughter
دختر
son
پسر

guest

مهمان

aunt

عمه / خاله

uncle

ماما/کاکا

brother

برادر

sister

خواهر

body

بدن

forehead
پیشانی
eye
چشم
face
روی
chin
زنخ
breast
سینه
finger
انگشت
hand
دست
arm
بازو
shoulder
شانه
leg
پا

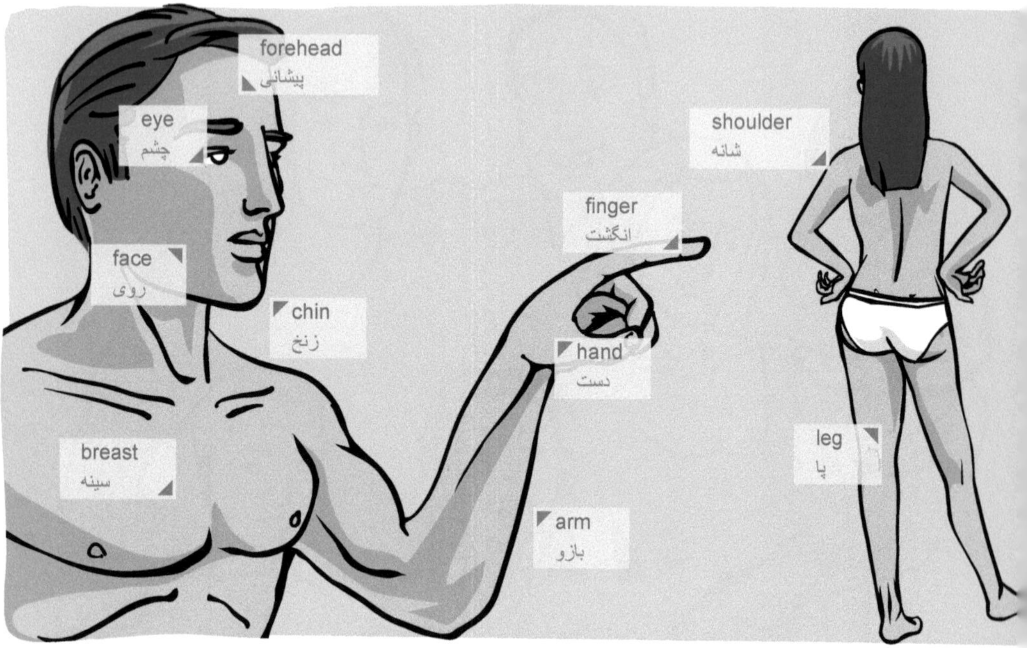

baby

نوزاد

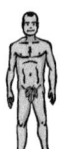

man

مرد

woman

زن

girl

دختر

boy

پسر

head

سر

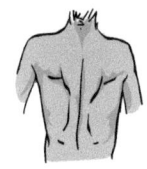

back

كمر

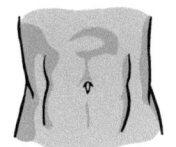

belly

شكم

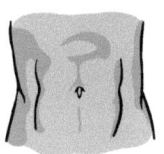

belly button

ناف

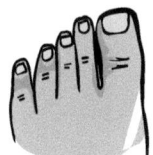

toe

انگشت پا

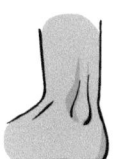

heel

كوری پای

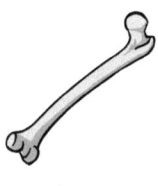

bone

استخوان

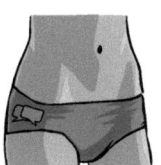

hip

كمر

knee

زانو

elbow

آرنج

nose

بینی

bottom

سرین

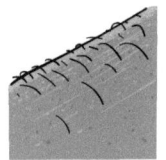

skin

پوست

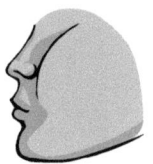

cheek

كومه

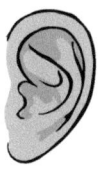

ear

گوش

lip

لب

mouth

دهان

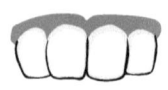

tooth

دندان

tongue

زبان

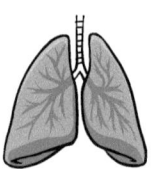

brain

مغز

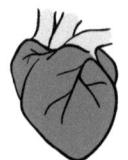

heart

قلب

muscle

عضله

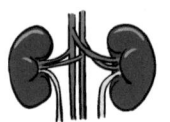

lung

شش

liver

جگر

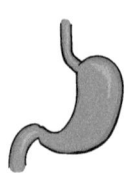

stomach

معده

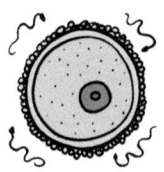

kidneys

گرده

sex

رابطه جنسی

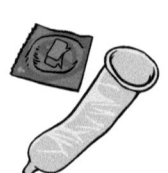

condom

کاندوم

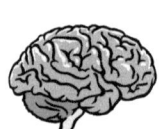

ovum

تخمه

semen

آب منی

pregnancy

حاملگی

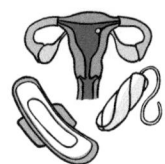

menstruation

قاعده گی

vagina

مجرای تناسلی زن

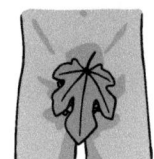

penis

آلت تناسلی مرد

eyebrow

ابرو

hair

مو

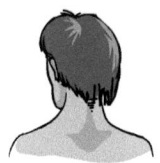

neck

گردن

hospital
شفاخانه

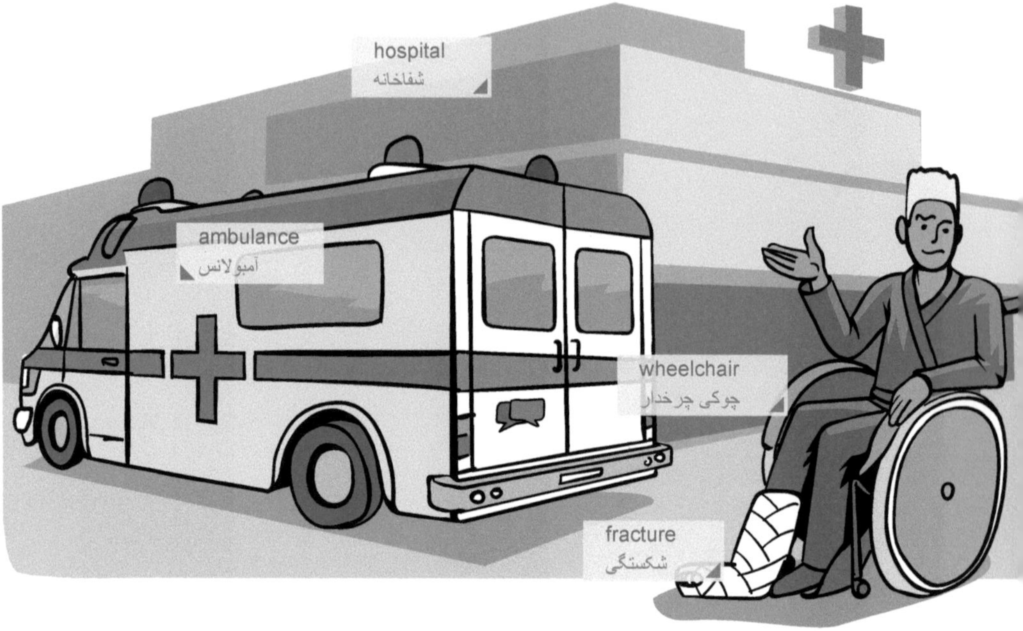

hospital
شفاخانه
ambulance
آمبولانس
wheelchair
چوکی چرخدار
fracture
شکستگی

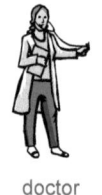

doctor
داکتر

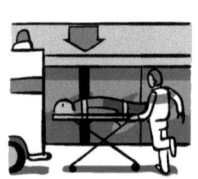

emergency room
اطاق عاجل

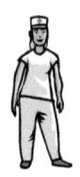

nurse
نرس

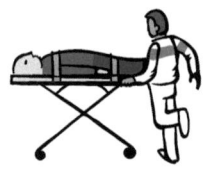

emergency
عاجل

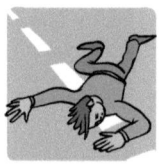

unconscious
بیهوش

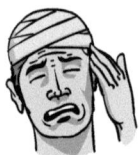

pain
درد

injury

جراحت

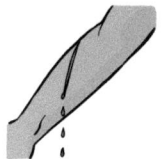

bleeding

خونریزی

heart attack

حمله قلبی

stroke

سکته مغزی

allergy

حساسیت

cough

سرفه

fever

تب

flu

انفلوانزا

diarrhoea

اسهال

headache

سردرد

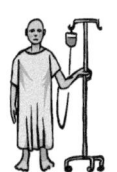

cancer

سرطان

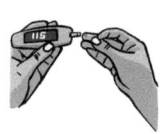

diabetes

شکر

surgeon

جراح

scalpel

چاقوی جراحی

operation

عملیات

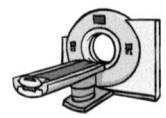

CT

سی تی

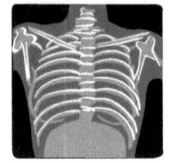

x-ray

ایکسری

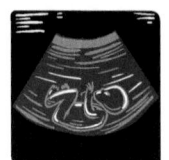

ultrasound

سونوگرافی

face mask

ماسک روی

disease

مریضی

waiting room

اطاق انتظار

crutch

عصا

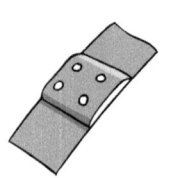

plaster

گچ

bandage

پانسمان

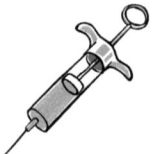

injection

تزریق

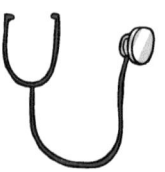

stethoscope

استاتسکوپ

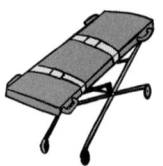

stretcher

تذکره

clinical thermometer

ترمامیتر کلینیکی

birth

تولد

overweight

اضافه وزن

hearing aid

سمعک

disinfectant

ضدعفونی کننده

infection

عفونت

virus

وایروس

HIV / AIDS

اچ آی وی / ایدز

medicine

ادویه

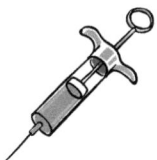

vaccination

واکسیناسیون

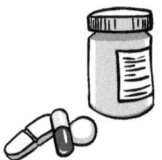

tablets

تابلیت ها

pill

تابلیت

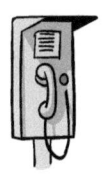

emergency call

تماس اضطراری

blood pressure monitor

مانیتور فشار خون

ill / healthy

بیمار / سالم

emergency

عاجل

Help!

کمک!

alarm

زنگ هشدار

assault

تجاوز

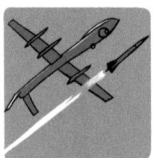

attack

حمله

danger

خطر

emergency exit

خروج اضطراری

Fire!

آتش!

fire extinguisher

آله ضد حریق

accident

حادثه

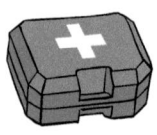

first-aid kit

بکسه کمک های اولیه

SOS

پیام اضطراری

police

پولیس

Earth

زمین

Europe

اروپا

North America

امریکای شمالی

South America

امریکای جنوبی

Africa

آفریقا

Asia

آسیا

Australia

استرالیا

Atlantic

اقیانوس اطلس

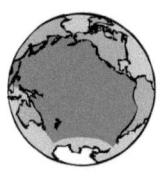

Pacific

اقیانوس آرام

Indian Ocean

اقیانوس هند

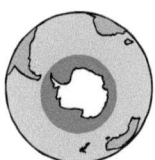

Antarctic Ocean

اقیانوس منجمد جنوبی

Arctic Ocean

اقیانوس منجمد شمالی

North Pole

قطب شمال

South Pole

قطب جنوب

Antarctica

قاره قطب جنوب

Earth

زمین

land

خشکی

sea

دریا

island

جزیره

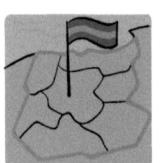

nation

ملت

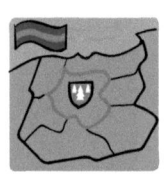

state

کشور

clock
ساعت

clock face

روی ساعت

hour hand

عقربه ساعت شمار

minute hand

عقربه دقیقه شمار

second hand

عقربه ثانیه شمار

What time is it?

ساعت چند است؟

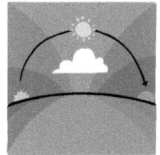

day

روز

time

زمان

now

اکنون

digital watch

ساعت دستی دیجیتل

minute

دقیقه

hour

ساعت

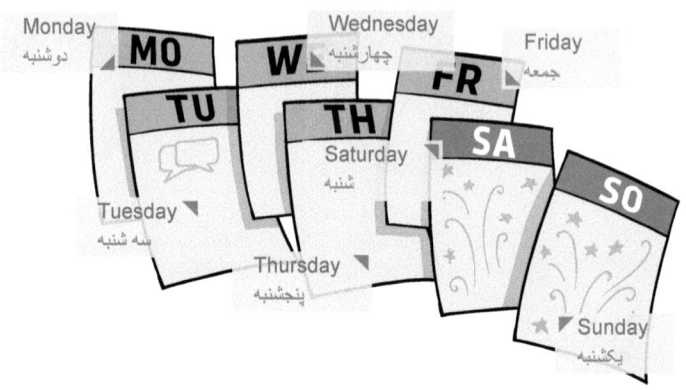

week

هفته

Monday
دوشنبه
MO
Tuesday
سه شنبه
TU
Wednesday
چهارشنبه
W
Thursday
پنجشنبه
TH
Friday
جمعه
FR
Saturday
شنبه
SA
Sunday
یکشنبه

TUE
MON

yesterday

دیروز

TUE

today

امروز

TUE

tomorrow

فردا

morning

صبح

noon

ظهر

evening

غروب

business days

روزهای کاری

weekend

آخر هفته

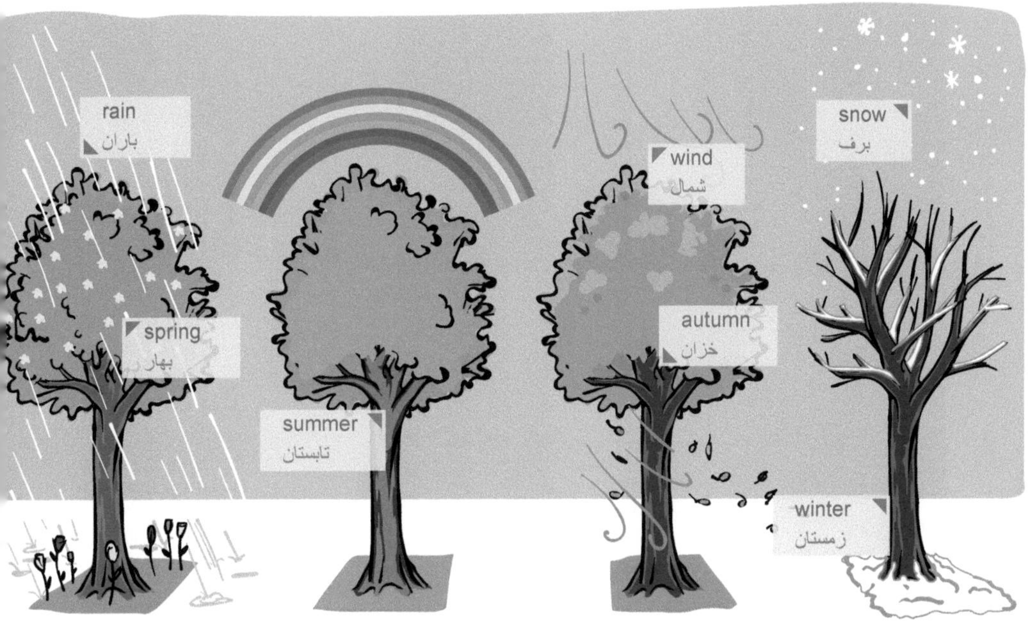

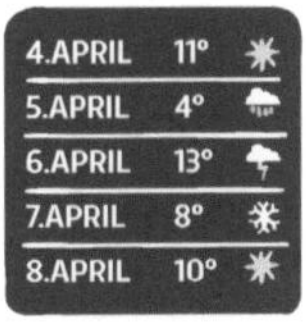

rain
باران
wind
شمال
snow
برف
spring
بهار
autumn
خزان
summer
تابستان
winter
زمستان

4.APRIL 11°
5.APRIL 4°
6.APRIL 13°
7.APRIL 8°
8.APRIL 10°

weather forecast

پیش بینی آب و هوا

F C
120 40
90 30
60 20
30 10
0 0
-30 -10
-20

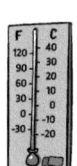

thermometer

ترمامیتر

sunshine

آفتاب

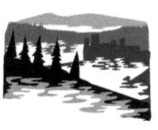

cloud

ابر

fog

غبار

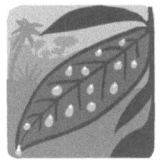

humidity

رطوبت

lightning

رعد و برق

thunder

الماسک

storm

طوفان

hail

ژاله

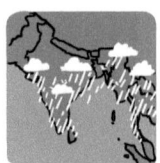

monsoon

موسم بارندگی

flood

سیل

ice

یخ

January

جنوری

February

فبروری

March

مارچ

April

اپریل

May

می

June

جون

July

جولای

August

اگست

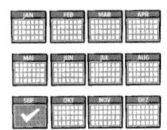

September

سپتمبر

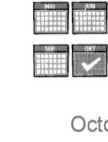

October

اکتوبر

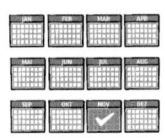

November

نومبر

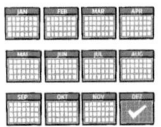

December

دسمبر

shapes

شکل ها

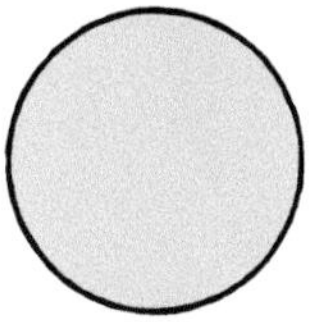

circle

دایره

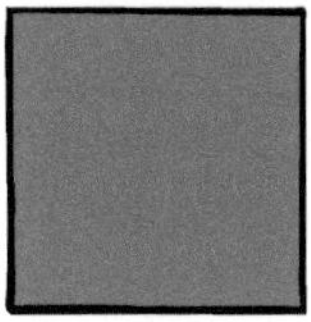

square

مربع

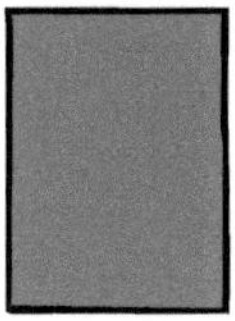

rectangle

مستطیل

triangle

مثلث

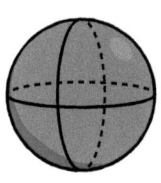

sphere

کره

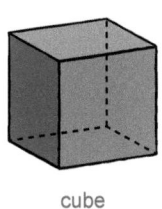

cube

مکعب

colours

رنگ ها

white

سفید

yellow

زرد

orange

نارنجی

pink

گلابی

red

سرخ

purple

بنفش

blue

آبی

green

سبز

brown

نصواری/قهوه یی

grey

خاکستری

black

سیاه

opposites
متضاد ها

a lot / a little

زیاد / کم

angry / calm

عصبانی / آرام

beautiful / ugly

مقبول / بدرنگ

beginning / end

آغاز / پایان

big / small

بزرگ / کوچک

bright / dark

روشن / تیره

brother / sister

برادر / خواهر

clean / dirty

پاک / کثیف

complete / incomplete

کامل / ناقص

day / night

روز / شب

dead / alive

مرده / زنده

wide / narrow

عریض / باریک

edible / inedible

خوراکی / غیر خوراکی

evil / kind

عصبانی / دوستانه

excited / bored

هیجان زده / کسل

fat / thin

چاق / لاغر

first / last

اول / آخر

friend / enemy

دوست / دشمن

full / empty

پر / خالی

hard / soft

سخت / نرم

heavy / light

سنگین / سبک

hunger / thirst

گرسنگی / تشنگی

ill / healthy

بیمار / سالم

illegal / legal

غیر قانونی / قانونی

intelligent / stupid

باهوش / احمق

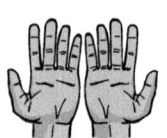

left / right

چپ / راست

near / far

نزدیک / دور

new / used

نو / کهنه

nothing / something

هیچ چیز / چیزی

old / young

پیر / جوان

on / off

روشن / خاموش

open / closed

باز / بسته

quiet / loud

بی صدا / پر سر و صدا

rich / poor

ثروتمند / فقیر

right / wrong

صحیح / غلط

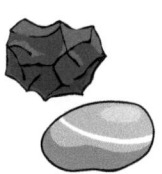

rough / smooth

ناهموار / هموار

sad / happy

غمگین / خوشحال

short / long

کوتاه / بلند

slow / fast

آهسته / سریع

wet / dry

تر / خشک

warm / cool

گرم / سرد

war / peace

جنگ / صلح

numbers

اعداد

0	1	2
zero	one	two
صفر	یک	دو
3	4	5
three	four	five
سه	چهار	پنج
6	7	8
six	seven	eight
شش	هفت	هشت
9	10	11
nine	ten	eleven
نه	ده	یازده

12

twelve

دوازده

13

thirteen

سیزده

14

fourteen

چهارده

15

fifteen

پانزده

16

sixteen

شانزده

17

seventeen

هفده

18

eighteen

هجده

19

nineteen

نوزده

20

twenty

بیست

100

hundred

صد

1.000

thousand

هزار

1.000.000

million

میلیون

languages

زبان ها

English

انگلیسی

American English

انگلیسی امریکایی

Chinese Mandarin

چینی ماندارین

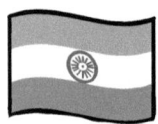

Hindi

هندی

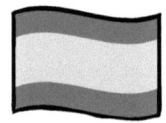

Spanish

اسپانیایی

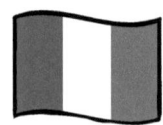

French

فرانسوی

Arabic

عربی

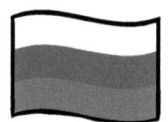

Russian

روسی

Portuguese

پرتغالی

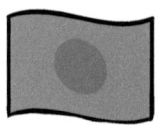

Bengali

بنگالی

German

آلمانی

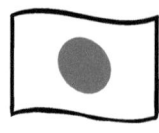

Japanese

جاپانی

who / what / how

کی/چی/چطور

I

من

you

شما

he / she / it

او / او / آن

we

ما

you

شما

they

آن ها

who?

کی؟

what?

چی؟

how?

چطور؟

where?

کجا؟

when?

چه وقت؟

name

اسم

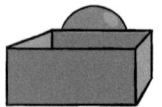

where

کجا

behind

عقب

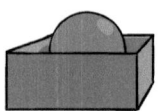

in

در

in front of

پیش روی

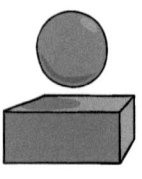

over

بالا

on

روی

under

زیر

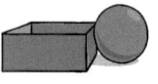

beside

پهلو

between

میان

place

محل